EL REINO: NORTEAMERICA Y SUDAMERICA

C. NICHOLE

ILUSTRADO POR SAILESH ACHARYA

TRADUCIDO POR JAEL VENTURA DE PENA

PAN AFRICAN PUBLISHING HOUSE
DALLAS, TEXAS, ESTADOS UNIDOS

DISEÑO DEL LIBRO: C.NICHOLE
ILUSTRACIONES: SAILESH ACHARYA

PUBLICADO EN ESTADOS UNIDOS POR PAN AFRICAN PUBLISHING
HOUSE.
WWW.PANAFRICANPUBLISHING.COM

IMPRESO EN ESTADOS UNIDOS DE AMERICA

ISBN: 9798987359921

TIENES EL PODER DE LAS HISTORIAS NO CONTADAS. TIENES LA LLAVE DE TU DESTINO... 💚💛🤎

CONTENIDO

CONTENIDO

APRENDE TU HISTORIA
CONOCE TU HISTORIA
COMPARTE TU HISTORIA

PAN AFRICAN
PUBLISHING
HOUSE

INTRODUCCION

Mi objetivo no es pintar la historia color de rosa ni hacerla parecer dulce y agradable. Mi objetivo es decir la verdad. Cuando sabes la verdad, las cosas tienen más sentido. Está bien hacer preguntas y esperar una respuesta, una respuesta honesta. Así es como aprendemos. ¡Y si estás leyendo esto es porque eres inteligente! Como parte de la diáspora africana (personas de ascendencia africana que no nacieron o que no viven en el continente africano), considero que otros miembros de la diáspora deben conocer la historia sobre cómo algunos de sus ancestros llegaron al continente americano, principalmente debido a la trata transatlántica de esclavos que empezó en 1501. Es importante que los africanos que viven en el continente entiendan cómo ocurrió la diáspora africana en América y los efectos que tuvo en sus compatriotas el ser vendidos por europeos y africanos. También es vital que quienes no tienen ascendencia africana conozcan la verdadera historia sobre cómo la codicia y la violencia causaron que un grupo significativo de personas fuertes y resistentes, quienes todavía luchan por la igualdad, fueran esparcidas por el mundo, llevadas a nuevas tierras en contra de su voluntad...robados de Mamá África, su hogar. Mediante este libro, deseo que todos ustedes reconozcan la belleza y el coraje, y ayuden a promover la igualdad y la conciencia cultural. Aprendamos juntos...

ARGENTINOS

ACTUALMENTE: ARGENTINA
IDIOMA: ESPAÑOL RIOPLATENSE

A los argentinos de ascendencia africana se les conoce como afroargentinos. A principios del siglo XVI, un pequeño grupo de esclavos africanos llegó a Cabo Verde. Más tarde, llegaron muchos más procedentes de Angola, la República Democrática del Congo y la República del Congo, y algunos de Nigeria, Ghana, Togo, Benín y Costa de Marfil, de las tribus yoruba y ewé. Debido a que África está cerca de Europa, algunas enfermedades procedentes de Europa se habían esparcido por el continente africano. Por esta razón, los africanos eran esclavizados, ya que tenían un sistema inmunitario de les permitía luchar contra las enfermedades mejor que los nativos. Además, los africanos podían ajustarse al clima tropical porque era muy parecido al ambiente de África. La economía argentina se desarrolló gracias a los esclavos, a quienes obligaron a trabajar en minería, agricultura, ganadería y trabajo doméstico.

En los siglos XVIII y XIX, los afroargentinos constituían el 50% de la población de muchas provincias de Argentina. Sin embargo, durante la guerra de independencia este número empezó a disminuir porque muchos afroargentinos participaron en la guerra, mientras que pocos europeos lo hicieron. Otros factores que contribuyeron al descenso de la población fueron la alta tasa de muertes de bebés, la guerra del Paraguay, enfermedades como el cólera y la fiebre amarilla, y el hecho de que las mujeres afroargentinas tuvieron hijos con europeos. A algunas mujeres incluso se les prohibió tener hijos con hombres afroargentinos para que la cultura europea predominara en Argentina. La constitución decía que el país recibiría inmigrantes de todas partes del mundo, pero que se daría prioridad a los que vinieran de Europa. Domingo Faustino Sarmiento, presidente de Argentina de 1868 a 1874, llevó a cabo un genocidio contra los afroargentinos. Para finales del siglo XIX, ya casi habían desaparecido por completo. Actualmente, hay más de 2 millón de afroargentinos en Argentina.

Los africanos del Reino del Congo trajeron consigo un estilo de baile que hoy conocemos como tango. Los esclavos se reunían y bailaban con un estilo atrevido. El significado de la palabra tango en la lengua kikongo es "movimiento al ritmo del compás."

CHEROQUI

ACTUALMENTE: CALIFORNIA, CAROLINA DEL NORTE Y OKLAHOMA EN ESTADOS UNIDOS
IDIOMA: CHEROQUI E INGLÉS

Antes del siglo XVIII, los cheroqui vivían en Alabama, Georgia, Kentucky, Carolina del Norte, Carolina del Sur, Tennessee, Virginia y Virginia Occidental. Casi 1 millón de personas reconocen que tienen ascendencia cheroqui, aunque no todos son miembros de las tres tribus reconocidas por el gobierno federal. Los cheroqui de ascendencia africana son conocidos como libertos.

Los misioneros cristianos y el gobierno de los Estados Unidos obligaron a los cheroqui a aceptar la cultura europea. Las familias cheroqui llegaron a tener esclavos que utilizaban para cultivar las tierras, hacer trabajo doméstico y otras tareas. Los hijos que las mujeres de ascendencia africana tenían con sus esposos cheroqui no recibían la ciudadanía cheroqui, pero los hijos de las mujeres europeas sí. Para 1824, el Consejo Cheroqui aprobó una ley que prohibía los matrimonios entre cheroquis y esclavos, o entre cheroquis y libertos de ascendencia africana. Aunque los cheroqui aceptaron la forma de vida europea, en 1830 se aprobó en Estados Unidos la Ley de Traslado Forzoso de Indios, que obligó a los cheroqui a mudarse a Oklahoma. Junto con sus esclavos, tuvieron que caminar 800 millas durante el invierno en lo que llegó a conocerse como el Sendero de Lágrimas.

En 1866, los cheroqui otorgaron la ciudadanía a los descendientes de esclavos de cheroqui y a esclavos que habían escapado y que buscaron refugio en la tribu, denominados libertos. En 1975, los cheroqui cambiaron su constitución y aceptaron a los libertos como parte de la tribu con base en la ciudadanía histórica y no según la relación de sangre. En 1988, la corte federal de los Estados Unidos indicó que los cheroqui podían decidir cuáles eran los requisitos para obtener la ciudadanía cheroqui y excluir a los libertos. En 2006, el Tribunal de Apelaciones Judiciales de la Nación Cheroqui determinó que los libertos calificaban para obtener la ciudadanía. En 2007, los cheroqui aprobaron una enmienda constitucional que solo permitía la ciudadanía a quienes figuraban como "cheroqui por sangre" en los Rollos de Dawes, lo que excluía a los descendientes de esclavos. Los Rollos de Dawes son listas de individuos que fueron considerados elegibles para ser miembros de la tribu. Más tarde ese año, se volvió a otorgar la ciudadanía a los libertos cheroqui. La lucha continuó en 2011. Para 2017, los casos en la corte habían finalizado y los libertos cheroqui mantuvieron su ciudadanía.

CUBANOS

ACTUALMENTE: CUBA
IDIOMA: INGLÉS, CONGOLEÑO, LUCUMÍ, PORTUGUÉS, ESPAÑOL

A los cubanos de ascendencia africana se les conoce como afrocubanos. Estos constituyen alrededor del 60% de la población de Cuba. La mayor población de afrocubanos se encuentra en el este de Cuba. Sin embargo, La Habana es la ciudad con la mayor población de afrocubanos. Muchos pueden rastrear sus raíces a grupos étnicos africanos como los akan, los arará, los fula, los igbo, los kalabari, los kissi, los kongo, los makua, los mandinká, los yoruba, etc.

Los primeros esclavos africanos llegaron a Cuba en 1513. Fueron forzados a trabajar en las minas porque los esclavos taínos estaban muriendo. En 1533 empezaron las rebeliones de esclavos en las minas de Jobabo, y pronto les siguieron otras más. Con el tiempo, el uso de esclavos en las minas disminuyó y empezaron a utilizarse en los muelles. Entre los siglos XVI y XVII, Cuba tenía el control total del comercio local, lo que significaba que las mercancías que se enviaban por barco a España tenían que pasar primero por La Habana. Entre 1810 y 1870, llegaron 600,000 esclavos a Cuba. La esclavitud fue abolida en 1886, y Cuba fue el último país del Caribe en eliminarla.

Los afrocubanos jugaron un papel importante durante la guerra de independencia de Cuba contra España. A pesar de esto, cuando los militares estadounidenses tomaron el control de Cuba en 1898, los de ascendencia europea llevaron consigo sus actitudes racistas y promovieron la segregación por toda Cuba. La segregación ocurre cuando diferentes grupos raciales son obligados a vivir separados, y un grupo racial particular tiene acceso a un mejor estilo de vida que los otros grupos. De 1902 a 1919, se promovió la inmigración de españoles para que hubiera más personas de raza blanca en Cuba. En la década de 1930, Fulgencio Batista llegó al poder y se convirtió en dictador de Cuba por 25 años. Durante su mandado, la religión y la música afrocubanas eran ilegales. Actualmente, los afrocubanos continúan luchando por la igualdad.

La cultura de Cuba es afrocubana porque se puede ver la influencia de África en todo, desde su comida hasta sus bailes y su música. La rumba es un género musical que se originó en el siglo XIX y que se basa en las tradiciones musicales y el baile africanos.

CURAZOLENOS

ACTUALMENTE: CURAZAO
IDIOMA: HOLANDÉS, INGLÉS, PAPIAMENTO, ESPAÑOL

La mayoría de los 160,000 curazoleños descienden de los africanos que poblaron la isla durante el comercio de esclavos, que en gran parte procedían de África Central y Occidental. Más de 38,000 esclavos provenían del reino de Loango y de la provincia de Cabinda en Angola, más de 37,000 provenían del golfo de Benín y más de 15,000 provenían de Ghana, principalmente del imperio Asante. Además, más de 2,000 eran de Senegambia, más de 1,000 del golfo de Biafra, más de 600 de Sierra Leona, más de 500 de la costa de Barlovento y más de 3,000 de otros lugares de África. En 1662, la Compañía Neerlandesa de las Indias Orientales convirtió a Curazao en el centro del comercio transatlántico de esclavos.

La economía de Curazao se desarrolló gracias a los esclavos africanos. Durante los siglos XVII y XVIII, el comercio de esclavos fue el principal negocio del país. Los esclavos africanos llegaban a los muelles de Willemstad, Curazao, y eran vendidos o comprados antes de continuar el viaje hasta su destino final. Los esclavos que permanecían en la isla eran forzados a trabajar en las minas de sal y en las plantaciones de maíz, frutas y maní. Una plantación es una granja grande donde se cultivan productos que se venden por mucho dinero (cultivo comercial). La esclavitud se abolió en 1863, lo que puso fin a la próspera economía de Curazao. Como los esclavos no pudieron regresar a su tierra natal, tuvieron que quedarse y empezaron a trabajar en las plantaciones como aparceros. Un aparcero es un agricultor que alquila la tierra de un terrateniente y paga el alquiler con una parte de la cosecha. Usualmente, la proporción que tenían que pagar era excesiva. Este sistema se utilizó hasta principios del siglo XX. La economía de Curazao volvió a crecer gracias a la actividad bancaria y al turismo.

Curazao mantiene viva su herencia cultural mediante la celebración anual del Festival de la Cosecha, que dura un mes. El festival termina con el desfile del Seú. La palabra seú tiene sus orígenes en Guinea-Bisáu. En el idioma papiamento de Curazao significa "cielo". El Seú es una celebración agrícola, religiosa y espiritual. El desfile del Seú celebra la tradición con hermosos desfiles, baile y música.

ECUATORIANOS

ACTUALMENTE: ECUADOR
IDIOMA: ESPAÑOL

Los afroecuatorianos, o ecuatorianos de ascendencia africana, constituyen el 10% de la población de Ecuador. El 70% de los afroecuatorianos viven en la provincia de Esmeraldas y en el valle del Chota en la provincia de Imbabura. En 1526, los esclavos africanos llegaron al país y fueron obligados a trabajar en las minas de oro y en las plantaciones. La esclavitud se abolió en 1852 cuando se modificó la quinta Carta Política. Los dueños de las plantaciones recibieron dinero del gobierno a cambio de liberar a sus esclavos.

En 1553, un barco de esclavos procedente de Guinea y con destino a Lima, Perú, quedó varado frente a la costa ecuatoriana. El grupo de 23 africanos escapó y se estableció en Esmeraldas. Un hombre africano llamado Antón lideró la tripulación que atacó a los esclavistas. A lo largo de los siglos, cuando los esclavos querían escapar, muchos huían hacia Esmeraldas.

Alonso de Illescas, procedente de Senegal, fue esclavizado a los 10 años y llevado a España. Su amo lo educó como español y le enseñó a utilizar armas. La familia Illescas tenía un negocio en Perú, y Alonso estaba en el mismo barco que Antón en 1553. Cuando Antón murió, Alonso se convirtió en el nuevo líder. Era un estratega militar y un buen negociador, y se asoció con los nativos. Los africanos y los nativos empezaron a casarse y a tener hijos que llegaron a conocerse como los "zambos de Esmeraldas" debido a su mezcla étnica. Cuando los españoles invadían Esmeraldas en busca de oro, esmeraldas y madera, Alonso y su ejército los derrotaban. En 1577, un sacerdote español le dijo a Alonso que el rey de España le perdonaría todo lo que había hecho y que lo nombraría gobernador de Esmeraldas. Alonso le respondió que primero tenía que hablar con su gente. Debido al sentimiento de desconfianza, Alonso rechazó la oferta. Continuó como líder de su pueblo y nunca aceptó un soborno.

La marimba se originó en Esmeraldas. Durante los siglos XVI y XVII, los esclavos africanos crearon el instrumento llamado marimba. La música y el baile de la bomba proceden de Imbabura y Carchi. Sus orígenes se remontan a los kongo, un grupo étnico bantú.

11

GARIFUNAS

ACTUALMENTE: BELICE, GUATEMALA, HONDURAS, NICARAGUA
IDIOMA: CRIOLLO BELICEÑO, INGLÉS, GARÍFUNA, ESPAÑOL

En 1675, los primeros africanos llegaron en un barco que naufragó en las costas del país caribeño que luego llegaría a llamarse San Vicente y las Granadinas. El barco de esclavos británico salió del golfo de Biafra y llevaba miembros de la tribu ibibio de Nigeria. Los que sobrevivieron llegaron a Bequía. Los caribes nativos los llevaron a la isla cercana de San Vicente, donde se casaron entre ellos y se llamaron a sí mismos garífunas. A principios del siglo XVIII, cuando los franceses llegaron a San Vicente, lucharon muchas veces contra los garífunas, pero luego decidieron formar una alianza con ellos. En 1748, los franceses y los británicos acordaron que San Vicente sería una isla neutral y que no pertenecería a nadie. A la isla siguieron llegando africanos que escapaban y la población de garífunas continuó creciendo. En 1763, los británicos tomaron el control y no deseaban hacer una alianza con los garífunas, lo que inició la Primera Guerra del Caribe que duró desde 1769 hasta 1773. Los garífunas ganaron y se firmó un tratado de paz con los británicos. En 1795, los británicos rompieron el tratado y empezó la Segunda Guerra del Caribe. En esta ocasión, los británicos ganaron porque los socios franceses de los garífunas se rindieron. Los británicos dividieron a los garífunas según su tono de piel: amarilla o roja. Más de 5,000 garífunas de piel oscura (roja) fueron llevados a la isla cercana de Baliceaux, donde fueron abandonados y empezaron a morir debido al hambre y a las enfermedades. Los que sobrevivieron, unos 2,000, fueron llevaron a Roatán, Honduras. Actualmente, los garífunas ascienden a 800,000 y mantienen la cultura de sus ancestros isleños.

Las celebraciones y los ritos de curación de los garífunas son el chugú, el lemesi y el dügü. Durante el chugú se hacen ofrendas de alimentos a los muertos. El lemesi consiste en dos ceremonias: una en la que las personas dejan de usar las ropas de luto que han llevado durante un año, y la segunda es una misa en la iglesia a favor de los ancestros que fallecieron. Cuando las familias garífuna tienen problemas, se cree que existen tensiones y luchas entre vivos y muertos. Si los vivos no pueden resolver el problema, entonces los ancestros intervendrán para resolverlo. El dügü es usualmente una ceremonia de una semana de duración en la que se tocan tambores, se canta, se baila, se come y se bebe.

HAITIANOS

ACTUALMENTE: HAITÍ
IDIOMA: FRANCÉS Y CRIOLLO HAITIANO

Haití es el único país del mundo que surgió tras una rebelión de esclavos exitosa. Durante su primer viaje, Cristóbal Colón estableció su primer asentamiento en la costa noreste de Haití y lo llamó La Navidad. Los taínos nativos trabajaron como esclavos en las plantaciones de azúcar hasta que empezaron a morir debido a las enfermedades que trajeron los europeos. En 1520 llegaron los esclavos africanos. La primera rebelión de esclavos importante ocurrió en 1522 cuando los esclavos wolof se rebelaron en la plantación de caña de Diego Colón, hijo de Cristóbal. Los que escaparon formaron la primera comunidad cimarrona. Los cimarrones eran los descendientes de los africanos en América que formaban sus propias comunidades lejos de las plantaciones, a menudo mezclados con los nativos. En 1697, los franceses tomaron el control de la zona y nombraron a la colonia Saint-Domingue. La mano de obra de los esclavos africanos y las plantaciones de caña de azúcar, café, algodón y cacao la convirtieron en la colonia más rica del mundo. La revolución haitiana ocurrió de 1791 a 1804, y fue liderada por Toussaint Louverture. A los europeos les molestó el éxito de los haitianos, por lo que apartaron al país del resto del mundo. Haití no podría seguir formando parte del círculo comercial internacional. Y Francia no reconoció la independencia de Haití durante 30 años hasta que este último acordó pagar 150 millones de francos de oro ($ 21,000 millones de dólares) para compensar las pérdidas de los dueños de las plantaciones francesas. Eso provocó que Haití se endeudara y la economía cayó poco a poco en manos de extranjeros.

El vudú se desarrolló en Haití entre los siglos XVI a XIX. Vudú significa "espíritu" o "deidad" en la lengua fon del reino de Dahomey. Combina las tradiciones religiosas mayormente yoruba de los esclavos africanos y las enseñanzas de la iglesia católica romana de los franceses. La religión, la filosofía, la medicina y la justicia forman parte del vudú, y el principio básico es que todo es un espíritu. Los humanos son espíritus visibles, mientras que el mundo invisible incluye a los loa (espíritus), los mystè (misterios), los anvizib (invisibles), los zanj (ángeles) y los espíritus de los ancestros y de los muertos recientes. Todos los espíritus viven en un África cósmica llamada Ginen. Dios es el creador del universo y de los espíritus, los cuales son asistentes de Dios. Los rituales del vudú incluyen oraciones, canciones, danzas y gestos para sevi lwa (servir a los espíritus).

JAMAICANOS

ACTUALMENTE: JAMAICA
IDIOMA: INGLÉS, CRIOLLO JAMAICANO, KROMANTI

Los Jamaicanos son principalmente de ascendencia africana, y muchos pueden rastrear sus raíces a Ghana y Nigeria. Jamaica es el cuarto país más poblado del Caribe. Cristóbal Colón les robó la isla a los taínos. Los nativos murieron y los esclavos africanos que llegaron construyeron el país. Jamaica perteneció a España hasta 1655. Antes de que los británicos tomaran el poder, los españoles liberaron a los esclavos, y la comunidad de cimarrones que ya se había establecido siguió creciendo en las montañas de Jamaica. La Primera Guerra Cimarrón duró de 1728 a 1740 y la Segunda Guerra Cimarrón duró de 1795 a 1796. Los británicos desterraron a muchos cimarrones a Nueva Escocia, Canadá y Sierra Leona. Durante el siglo XVIII, los cultivos de azúcar, café, algodón e índigo contribuyeron al crecimiento económico de Jamaica. Para el siglo XIX, los Jamaicanos de ascendencia africana superaban en número a los europeos en una proporción de 20 a 1. En 1807, los británicos declararon ilegal llevar más esclavos a la isla, pero los europeos todavía introducían africanos de contrabando porque Jamaica dependía de la mano de obra esclava. La esclavitud se abolió en 1838. Gran Bretaña concedió la independencia a Jamaica en 1962.

La Asociación Universal para el Mejoramiento de los Negros (UNIA, por sus siglas en inglés) fue fundada en 1914 por Marcus Garvey. Él fue un panafricanista que promovió el movimiento Vuelta a África. Un panafricanista considera que todas las personas de ascendencia africana tienen intereses comunes y deben estar unidas. Garvey dijo que había que mirar a África donde un rey negro iba a ser coronado y llegaría a ser un redentor. Poco tiempo después, el emperador Haile Selassie I fue coronado en Etiopía y los rastafari consideraron esto como el cumplimiento de la profecía de Garvey. La palabra rastafari proviene del Ras Tafari Makonnen, nombre del emperador etíope antes de ser coronado. La religión y el movimiento social rastafari afrocentrista se desarrollaron en la década de 1930. Los rastafari creen que hay un solo Jah (Dios) que vive dentro de cada persona. Jah tomó forma humana como Jesucristo, y Haile Selassie era la segunda venida de Cristo. Los rastafari promueven el punto de vista de que la diáspora africana necesita volver a Sión (la Tierra Prometida), que es África.

MASCOGOS

ACTUALMENTE: MÉXICO
IDIOMA: CRIOLLO AFROSEMINOLA Y ESPAÑOL MEXICANO

Los seminolas negros, personas de ascendencia africana que formaron parte de la tribu seminola, fueron obligados a mudarse de Florida, Estados Unidos, durante el Sendero de Lágrimas. Algunos se mudaron a las Bahamas, pero muchos permanecieron en Estados Unidos y se trasladaron a Oklahoma y Texas. Los que se quedaron en Estados Unidos sabían que podrían ser capturados y esclavizados por los euroamericanos. Por esta razón, el jefe seminola negro John Horse, también conocido como Juan Caballo, y el subjefe seminola Wild Cat lideraron un grupo de alrededor de 300 personas en su viaje hasta México. En 1852, el grupo se estableció en la ciudad de Nacimiento de los Negros, ubicada en Coahuila, México, donde los mascogos viven actualmente.

A partir de la década de 1930, empezaron a llegar agricultores mexicanos a Nacimiento de los Negros y se formó una comunidad mixta. Para 2019, se decía que la última mascoga pura era una mujer de 80 años. Los capeyuye, himnos religiosos a capela que se acompañan con aplausos, se cantan en criollo afroseminola. La Proclamación de Emancipación, el acto que liberó a los esclavos en Estados Unidos, se emitió en enero de 1863. Sin embargo, esto no se aplicó en todos los estados que poseían esclavos. Por esta razón, los mascogos celebran Juneteenth, una festividad anual que se realiza el 19 de junio para conmemorar el fin oficial de la esclavitud en 1865 en los Estados Unidos. La comida utilizada en la celebración incluye platos como el tetapún (pan de batata o camote), empanadas de calabaza o piloncillo y una bebida llamada soske (un tipo de atole).

La etnia mexicana es una mezcla genética de nativos, españoles y africanos. Pero los afromexicanos son quienes tienen una mayor cantidad de ADN africano. Además de los mascogos, alrededor de 2 millones de afromexicanos viven en el país. La mayoría viven en los estados de Guerrero, Oaxaca y Veracruz. En 1519, la trata trasatlántica de esclavos trajo 200,000 africanos de Cabo Verde, Guinea, Angola, Sudán del Este y otros países donde viven grupos de la etnia bantú. Los esclavos africanos contribuyeron al desarrollo de la economía de México al ser forzados a trabajar en granjas, ranchos ganaderos, plantaciones de azúcar y minas de plata. En 1829, el general afromexicano Vicente Guerrero se convirtió en el segundo presidente de México y abolió la esclavitud ese mismo año.

MISQUITOS

ACTUALMENTE: HONDURAS Y NICARAGUA
IDIOMA: INGLÉS, MISQUITO, MISQUITO CRIOLLO, ESPAÑOL

La tradición oral cuenta que un jefe guerreo llamado Miskut lideró a los Miskut uplika nani (la gente de Miskut) en su viaje al cabo Gracias a Dios (entre Honduras y Nicaragua). Las tribus vecinas tenían dificultades para pronunciar el nombre, por lo que lo acortaron a misquito. Hay dos subgrupos misquito, los tawira misquito y los zambos misquito. En su mayoría, la ascendencia de los tawira es una mezcla de nativos y europeos, con una pequeña cantidad de ADN africano. Los zambos son de ascendencia nativa y africana. La etnia misquito es una mezcla de nativos, piratas ingleses, comerciantes, colonos y esclavos africanos. Los africanos llegaron al territorio misquito debido a naufragios de barcos de esclavos o porque habían escapado de la isla de Providencia, una isla en la costa de Nicaragua. La mayoría de los esclavos de la isla de Providencia eran de las Bahamas, donde eran forzados a cultivar caña de azúcar e índigo. Actualmente, la población misquito es de aproximadamente 200,000 personas.

Por mucho tiempo, los misquitos han sido marineros expertos. Se han dedicado a la pesca y a la caza de tortugas, manatíes y de animales terrestres como el venado. También han sido agricultores, fabricantes de sal y recolectores de mariscos. Los ingleses establecieron la Providence Island Company en 1630 en la isla de Providencia e intercambiaban ropa, alimentos, ganado, armas, ron y perlas por carne, pieles de animales, caparazones de tortugas, plátanos, madera, caucho, etc. de los misquitos. Actualmente, los misquitos venden estos mismos artículos, además de dedicarse a la extracción de oro que comenzó a finales del siglo XIX y a la creciente comercialización de mariscos como camarones y langostas que empezó en la década de 1970.

Generalmente, son los hombres quienes se dedican a la pesca de langosta por buceo. Usualmente, pasan ocho meses al año en el mar, por lo que es raro encontrar hombres de más de 13 años en el pueblo. Como los hombres salen de casa para conseguir dinero para la familia, las mujeres controlan el hogar y toman todas las decisiones. Como es difícil encontrar trabajo, las mujeres ganan dinero extra vendiendo canastas, objetos decorativos y funcionales hechos con calabazas, cobertores de cama fabricados con tela de corteza, muebles y canoas.

NARRAGANSETT

ACTUALMENTE: RHODE ISLAND EN LOS ESTADOS UNIDOS
IDIOMA: INGLÉS Y NARRAGANSETT

Los narragansett forman parte de la Tribu India Narragansett de Rhode Island, la única tribu con reconocimiento federal en el estado. Su nombre significa "gente del punto pequeño". Para ser miembro de la tribu, el nombre de un antepasado debe estar inscrito en el Registro Tribal de 1880-1884, que se estableció cuando Rhode Island disolvió ilegalmente a la tribu. Actualmente, nadie más puede inscribirse en el Registro Tribal y la tribu cuenta con aproximadamente 2,400 miembros.

Los europeos llegaron a las tierras de los narragansett en 1635. Los sachems Canonicus y Miantonomi suministraron la tierra que permitió a los inmigrantes establecer Providence Plantations. Los narragansett se aliaron con los colonos durante la Guerra Pequot de 1637, pero el salvajismo de los europeos durante la masacre de Mystic disgustó a la tribu. En 1675, los europeos mataron a mujeres, niños y ancianos narragansett que vivían en un campamento de invierno en lo que se conoció como la Gran Masacre del Pantano. Los que sobrevivieron y no querían estar bajo la autoridad de las Colonias Unidas (Trece Colonias) abandonaron el área o fueron asesinados o vendidos como esclavos en el Caribe. Los narragansett eran presionados para adoptar la forma del waumpeshau (hombre blanco), por lo que comenzaron a endeudarse. Pagaron su deuda con concesiones de tierras, lo que redujo aún más el número de acres en su reserva. En el siglo XIX, Rhode Island quería declarar que los narragansett ya no eran una tribu porque sus miembros eran multirraciales, con ascendencia africana mixta. Los líderes tribales rechazaron convertirse en ciudadanos estadounidenses porque se describían a sí mismos como una nación y no como una raza. Además, habían visto las injusticias cometidas contra los ciudadanos estadounidenses, como las relacionadas con las leyes Jim Crow que limitaban los derechos de los ciudadanos afrodescendientes. En 1876, los narragansett declararon ante un comité legislativo estatal que, aunque su tribu se había hecho amiga de los africanos esclavizados y se habían casado entre sí, no serían considerados ni tratados como negros, y que mientras una gota de sangre nativa permaneciera en sus venas podrían reclamar sus derechos tribales. La tribu accedió a las negociaciones para la venta de su tierra, pero esto no salió según lo planeado. No fue sino hasta 1978 que recuperaron 1,800 acres de su tierra.

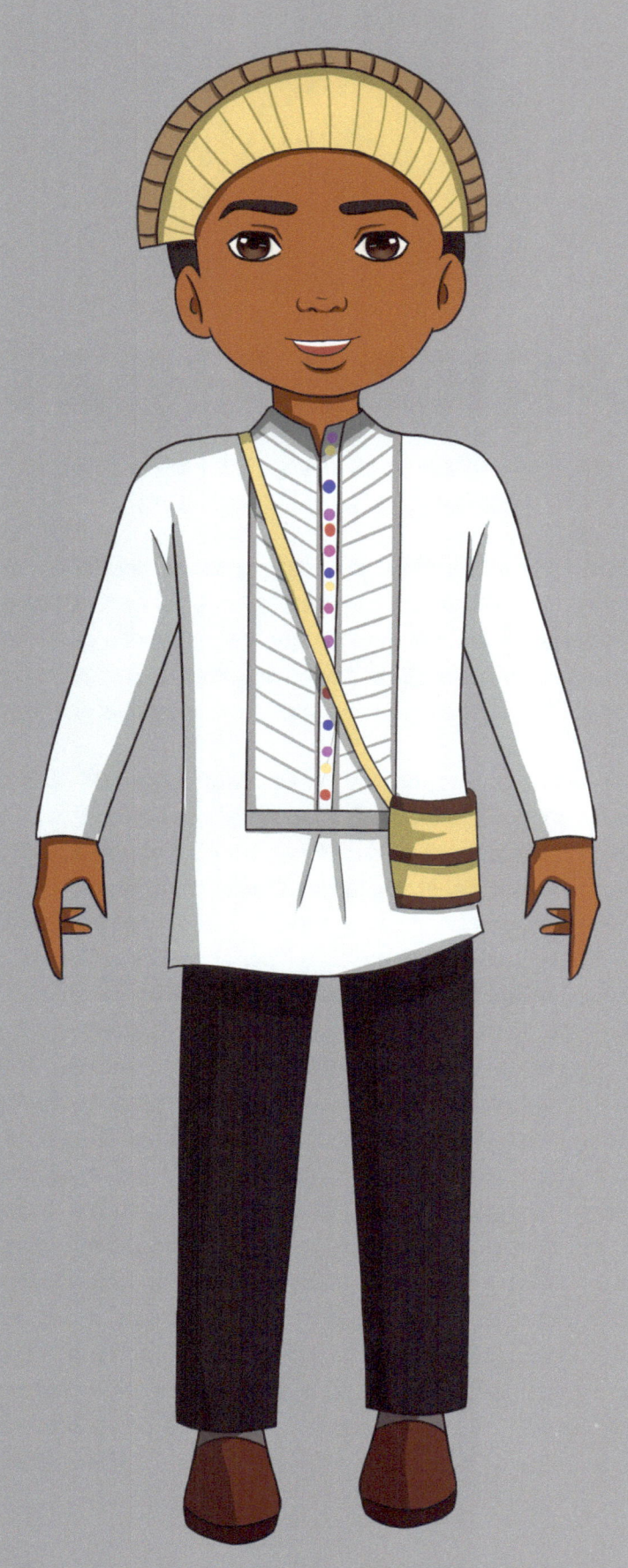

PANAMEÑOS

ACTUALMENTE: PANAMÁ
IDIOMA: INGLÉS Y ESPAÑOL PANAMEÑO

A los panameños de ascendencia africana se les denomina afropanameños. Constituyen el 15% de la población de Panamá, aunque se estima que el 50% de los panameños tiene algún antepasado africano. Los afropanameños se pueden encontrar principalmente en las provincias de Panamá, Colón y Bocas del Toro.

A partir de 1513, los africanos llegaron a Panamá desde Cabo Verde, Santo Tomé y Príncipe, Senegambia, Guinea-Bissau, Guinea, la Costa de Barlovento, la Costa de Oro, la cuenca del Congo, Angola, Mozambique y otros países aún por descubrir. Algunos africanos usaban su etnia y lugar de origen como su nombre o apellido cuando tenían que registrarse como esclavos. No era raro encontrar nombres como Congo Antón y Luis Mozambique. Panamá podía ser el destino de los africanos esclavizados o simplemente una parada antes de llegar a su puerto final. El país se construyó gracias a la mano de obra de los esclavos africanos que fueron obligados a trabajar como herreros, carpinteros, zapateros, sirvientes domésticos, en las minas de oro y en la producción de textiles y tintes. Panamá se separó de España y se convirtió en una provincia de Colombia en 1821, y en 1851 se puso fin a la esclavitud. Ocurrieron muchos disturbios cuando se estableció un sistema de castas raciales que colocaba a los panameños blancos en el renglón superior, luego a los mulatos (españoles y africanos) y a los mestizos (españoles y nativos) que declaraban ser de ascendencia hispana solamente, seguidos de los nativos y, por último, los afropanameños.

En 1904, Estados Unidos se hizo cargo de la construcción del Canal de Panamá. Se necesitaban más trabajadores, por lo que llegaron 50,000 de lugares del Caribe como Barbados, Dominica, Granada, Guadalupe, Jamaica, Martinica, etc. Todos los trabajadores afrodescendientes cobraban menos que los europeos. Como los supervisores de la obra eran del sur de los Estados Unidos, se implementó un sistema segregado. Las personas de raza mixta con ascendencia africana estaban enojadas porque eran tratadas igual que las personas de ascendencia africana pura, lo que ocasionó actos violentos. En 1926, Panamá aprobó leyes que limitaban la cantidad de caribeños que podían mudarse a Panamá. Hoy día, aún existe la discriminación y los afropanameños siguen luchando por la igualdad.

PEQUOT

ACTUALMENTE: CONNECTICUT EN LOS ESTADOS UNIDOS
IDIOMA: INGLÉS Y MOHEGAN-PEQUOT

Una de las dos tribus pequot que existen actualmente es la Nación Tribal Mashantucket Pequot, la cual tiene reconocimiento federal. Son descendientes del pueblo pequot que emigró alrededor del año 1500 desde el valle del río Hudson hacia el centro y el este de Connecticut. Para ser miembro de la tribu, un antepasado debe figurar en el censo de Estados Unidos de 1900 o 1910 como parte de una de las 11 familias pequot. Los descendientes de los pequot son multirraciales, pero se ven a sí mismos como una sola cultura. Actualmente, la tribu cuenta con alrededor de 1,000 miembros.

A principios del siglo XVII, antes de que llegaran los europeos, habían 8,000 pequot y poseían 160,000 acres de tierra. Pero la población se redujo drásticamente debido a la epidemia de viruela de 1633 y a la masacre genocida durante la Guerra Pequot de 1637. Los que quedaron después de la guerra fueron esclavizados para trabajar en los hogares de inmigrantes europeos o en Barbados; el resto fue puesto bajo el control de otras tribus. Aquellos bajo el gobierno de los moheganos llegaron a conocerse como Mashantucket Pequot. En 1666, se creó la reserva Mashantucket Pequot. En 1774, 151 miembros de la tribu vivían en los 989 acres de la reserva. Sin embargo, en 1855, las ventas ilegales de tierras la habían reducido a alrededor de 200 acres. En 1973, cuando murió el último miembro de la tribu Mashantucket Pequot que vivía en la reserva, la tierra pasó a manos del estado. En 1976, los miembros de la tribu que regresaron a la reserva para restablecer su comunidad presentaron una demanda para recuperar sus tierras. En 1983, ganaron la demanda y la Ley de Liquidación de Reclamaciones de Tierras de los Mashantucket Pequot les otorgó $ 900,000 para recomprar la tierra perdida. Actualmente, su reserva es de 1,250 acres.

Los miembros de la tribu Mashantucket Pequot eran conocidos por vender leña, jarabe de arce y hortalizas. Después de la aprobación de la Ley de Liquidación de Reclamaciones de Tierras de los Mashantucket Pequot, la tribu compró un restaurante y comenzó un negocio de arena y grava. En 1986, inauguró el Mashantucket Pequot High Stakes Bingo, que se convirtió en el Foxwoods Resort Casino en 1992. Un año más tarde se inauguró el hotel. Actualmente, el casino ocupa alrededor de 200 acres, tiene miles de empleados y genera millones de dólares al año.

QUILOMBOLAS

ACTUALMENTE: BRASIL
IDIOMA: PORTUGUÉS

En lo que respecta a la diáspora africana, Brasil alberga la mayor población de afrodescendientes. Hay más de 90 millones de afrobrasileños. Durante la trata transatlántica de esclavos, el 40% (5 millones) de todos los africanos esclavizados fueron enviados a Brasil. Procedían de Mauritania, Guinea, Sierra Leona, Ghana, Nigeria, Benín, Angola, la República del Congo, la República Democrática del Congo, Zimbabue, Mozambique y Madagascar, y existe una gran posibilidad de que también llegaran otros procedentes de países de África Oriental donde existía el comercio árabe de esclavos. El comercio de esclavos en Brasil comenzó en 1501 y terminó en 1866. Los esclavos fugitivos formaron quilombos. Actualmente, 16 millones de afrobrasileños, autodenominados quilombolas, viven en 6,000 quilombos.

Quilombo proviene de la palabra kilombo del quimbundo (una lengua bantú) que significa "campamento de guerra". En Angola, un kilombo era una asociación de diversas tribus con linajes diferentes que vivían en una comunidad diseñada para la resistencia militar. En Brasil, quienes vivían en los quilombos tomaban las armas y guerrearon contra las plantaciones y contra quienes intentaban dañar a su comunidad. Como los quilombos también ayudaron a escapar a otros esclavos, los europeos los vieron como una amenaza.

El quilombo más famoso fue Palmares. Fundada en 1605, era una comunidad autosuficiente cerca de Recife, el primer puerto de esclavos de América. Palmares tenía una población de más de 30,000 quilombolas. Muchos de ellos eran guerreros que aprendieron la capoeira para poder defenderse de los ataques de los europeos, especialmente de los portugueses. La capoeira es un arte marcial afrobrasileño que combina danza, acrobacias y música. Tiene sus raíces en el engolo (N'Golo) del Reino de Congo. Dos miembros de una familia real de ese mismo reino, Nganga Nzumbi, también conocido como Ganga Zumba, y su sobrino Zumbi todavía son considerados como dos de los líderes guerreros más conocidos de Palmares. Hoy, los quilombolas siguen luchando, aunque ahora lo hacen por sus derechos territoriales ante la constante deforestación. La deforestación es la remoción permanente de árboles para destinar el suelo a otra actividad.

SANTALUCENSES

ACTUALMENTE: SANTA LUCÍA
IDIOMA: INGLÉS Y CRIOLLO SANTALUCENSE/PATUÁ

Alrededor del 95% de los 185,000 santalucenses son afrodescendientes. Los arahuacos llegaron entre los años 200 a 400, y llamaron a la isla Ioüanalao (Iyonola), que significa "tierra de las iguanas". Los caribes, que llegaron alrededor del año 800, llamaron a la isla Hewanorra, que significa lo mismo. Santa Lucía es un país de la Mancomunidad, lo que significa que el monarca del Reino Unido en funciones es el jefe de estado, y en la isla está representado por un gobernador general y por el primer ministro que es el jefe de gobierno. Hoy en día, la economía de Santa Lucía prospera gracias a sus industrias bancarias y turísticas y a la exportación de bananas.

En el siglo XV, durante el dominio francés de Santa Lucía, llegaron africanos de islas vecinas como Barbados y Martinica, quienes procedían en su mayoría de Senegambia. En el siglo XVI, durante el dominio británico, la mayoría de los esclavos procedían de Costa de Marfil, Ghana, Togo, Benín, Nigeria y Angola. En febrero de 1795, un ejército de franceses y bandoleros ganó una batalla contra una unidad de tropas británicas. Los bandoleros eran exesclavos que iniciaron rebeliones en todo el país. Los bandoleros y los esclavos recién liberados se unieron y expulsaron al ejército británico. Pero en 1803, con la llegada de más tropas británicas, se restableció la esclavitud. El comercio de esclavos en Santa Lucía finalizó en 1807, pero la esclavitud terminó en 1834. Sin embargo, los esclavos no fueron verdaderamente libres sino hasta 1838 porque los británicos obligaron a todos los exesclavos a ser aprendices durante 4 años. Su aprendizaje incluía trabajar gratis para sus antiguos amos durante al menos tres cuartas partes de la semana laboral. Después de la esclavitud, muchas personas del grupo étnico yoruba llegaron a Santa Lucía como trabajadores no abonados. Generalmente estos eran personas que querían irse de su país, pero que no tenían suficiente dinero para hacerlo, por lo que firmaban un contrato para trabajar sin paga en un país diferente durante un período de tiempo específico. Santa Lucía se independizó en 1979.

La cultura de Santa Lucía es una mezcla de influencias africanas, francesas, inglesas y de las Indias Orientales. Una danza folclórica popular es el kwadril, que se considera un símbolo nacional de Santa Lucía. Es un baile formal que se desarrolló a partir de una danza europea conocida como cuadrilla.

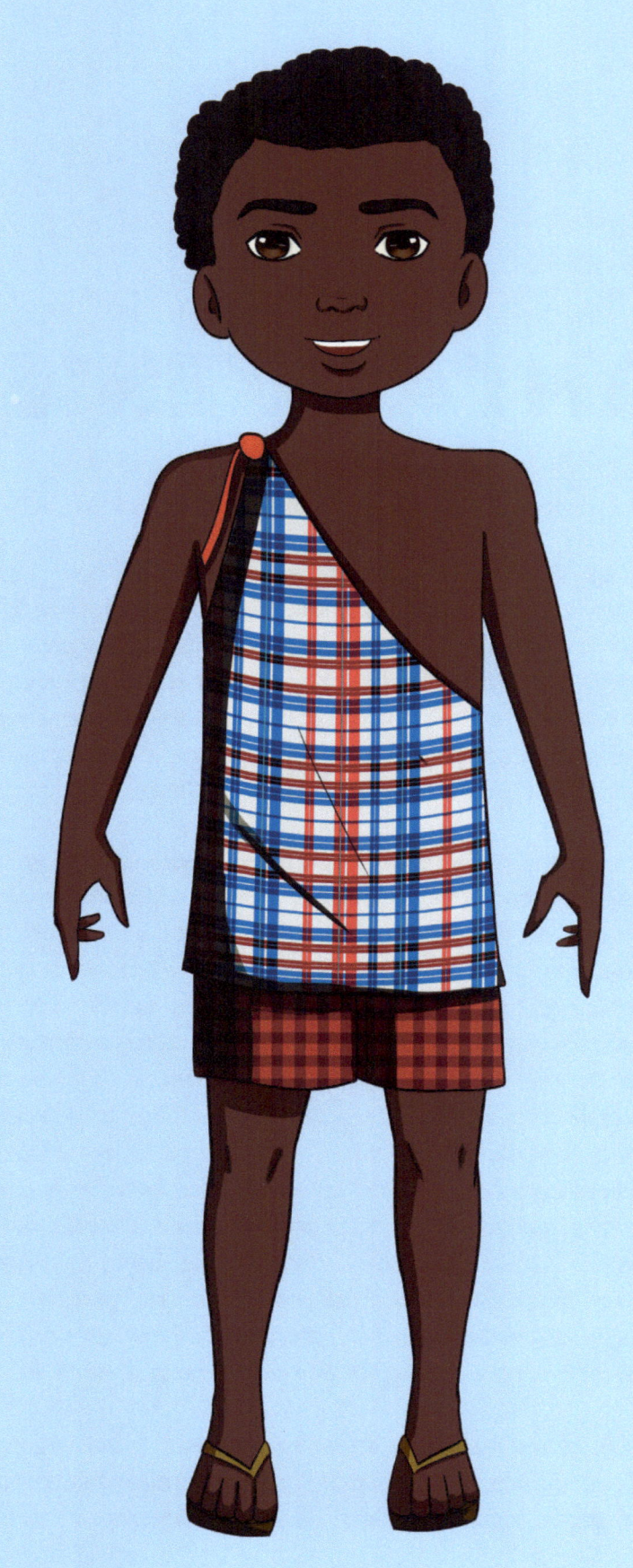

SARAMAKAS

ACTUALMENTE: GUAYANA FRANCESA Y SURINAM
IDIOMA: SARAMACANO

Los saramakas (saamakas) son la sociedad cimarrona más antigua de Surinam. Fue compuesta por esclavos que escaparon de la esclavitud y establecieron su comunidad en 1690. Actualmente, ascienden a 90,000 habitantes y viven a lo largo del río Surinam. Son una sociedad principalmente hortícola, lo que significa que cultivan frutas, verduras, flores y plantas ornamentales.

En 1667, los británicos hicieron un intercambio con los holandeses; Nueva York fue cedido a los británicos y Surinam a los holandeses. A partir de entonces, empezaron a llegar africanos por barco procedentes de países como Costa de Marfil, Ghana, Benín, la República Democrática del Congo, la República del Congo, Angola, etc. Trabajaban en plantaciones de café, azúcar y madera. Los esclavos siguieron practicando sus religiones africanas y hacían rituales donde hablaban con los espíritus y les pedían ayuda para escapar de las plantaciones. Los sábados por la noche, mientras los esclavos bailaban y cantaban a los espíritus, sus dueños miraban divertidos, pensando que solo era una fiesta. Varios africanos de diferentes países escaparon a la selva tropical, y el último gran grupo de fugitivos se unió a los saramakas en 1712. Lucharon continuamente por su independencia hasta que en 1762 los holandeses redactaron un tratado de paz para detener sus incursiones. El tratado establecía que los saramakas dejarían de atacar a los europeos, ya no ayudarían a los esclavos a escapar, devolverían todos los esclavos fugitivos a sus dueños y no los convertirían en saramakas. Además, si deseaban mudarse o cambiar de liderazgo, tendrían que informar a los holandeses. El tratado reconoció sus derechos territoriales y sus privilegios comerciales. Pasarían 101 años más antes de que Surinam aboliera la esclavitud.

En la década de 1960, el gobierno construyó una central hidroeléctrica en el río Surinam. Los saramakas tuvieron que trasladarse aguas abajo del embalse porque su territorio fue inundado. De 1986 a 1992, la Guerra Civil de Surinam obligó a un tercio de los saramakas a mudarse a la Guayana Francesa. En 2007, la Corte Interamericana de Derechos Humanos falló a favor de los saramakas y dictaminó que estos tenían derechos sobre sus tierras tradicionales, y que podían decidir cuáles recursos naturales, como oro y madera, podrían explotarse en su territorio.

SEMINOLAS

ACTUALMENTE: BAHAMAS; MÉXICO; FLORIDA, OKLAHOMA, TEXAS EN LOS ESTADOS UNIDOS
IDIOMA: CRIOLLO AFROSEMINOLA, INGLÉS, ESPAÑOL

Los seminolas son una tribu nativa de Florida. Su nombre significa "fugitivo" o "salvaje". Los seminolas negros son descendientes del matrimonio mixto entre seminolas, africanos libres y esclavos africanos que escaparon. Se estima que los seminolas negros ascienden a alrededor de 2,000 personas.

La esclavitud terminó en la Florida española en 1693, y el territorio se convirtió en un refugio para los esclavos fugitivos que vivían entre los seminolas. Algunos seminolas negros optaron por vivir por separado, pero sin abandonar la cultura. Muchos seminolas negros eran bastante ricos y se dedicaban a la agricultura, a la caza o servían como traductores. Los inmigrantes europeos comenzaron a desear las ricas tierras de los seminolas y a los propietarios de esclavos de los estados vecinos no les gustó que descendientes de africanos tuvieran armas. Durante la Primera Guerra Seminola de 1817 a 1818, las tropas estadounidenses destruyeron muchas ciudades y obligaron a los seminolas a abandonar el norte de Florida. Algunos seminolas negros optaron por mudarse a la isla Andros en las Bahamas. La Ley de Traslado Forzoso de Indios de 1830 obligó a los seminolas a mudarse a Oklahoma, lo que inició la Segunda Guerra Seminola, que se desarrolló de 1835 a 1842. Algunos seminolas aceptaron mudarse, pero otros no. Fue entonces cuando los seminolas negros lideraron la guerra de guerrillas contra el ejército de los Estados Unidos. A cientos de seminolas se les permitió quedarse en una reserva en el suroeste de Florida. Pero en 1845, la mayoría de los seminolas estaban bajo el dominio de los indios creek en Oklahoma, quienes eran dueños de esclavos y no apoyaban a los seminolas negros. Un grupo de seminolas negros decidió partir hacia México. La Tercera Guerra Seminola, de 1855 a 1858, ocurrió debido a una disputa territorial entre los inmigrantes europeos y los seminolas que quedaban en Florida.

Desde la década de 1930, los seminolas han tratado continuamente de excluir de la tribu a los seminolas negros, aunque no a los europeos, negándoles el acceso a los beneficios que disfrutan los miembros de la tribu, incluyendo los servicios proporcionados por una asignación de 56 millones de dólares en 1976, que compensaba a las tribus seminolas del norte de Florida por las tierras arrebatadas por Estados Unidos en 1823.

SHINNECOCK

ACTUALMENTE: NUEVA YORK EN LOS ESTADOS UNIDOS
IDIOMA: INGLÉS Y MOHEGAN-PEQUOT

La Nación India Shinnecock es una tribu con reconocimiento federal en Nueva York. Su nombre significa "gente de la costa pedregosa". Actualmente, la tribu cuenta con alrededor de 1,600 miembros.

Los inmigrantes europeos llegaron en 1640 y en 1658 una epidemia de viruela provocó la muerte de alrededor de dos tercios de todas las tribus de Long Island, Nueva York. La población de los shinnecock disminuyó y comenzaron a casarse con inmigrantes europeos y esclavos africanos que trabajaban en granjas y como artesanos. Los holandeses, y más tarde los ingleses, robaron astutamente las tierras de la tribu. A partir de 1641, se realizaron acuerdos de arrendamiento que se modificaban para incluir más y más tierras para los europeos. En 1859, se estableció la Reserva Shinnecock de 800 acres. Como ocurrió con la mayoría de las tribus, los shinnecock se vieron obligados a aceptar la cultura de los europeos, lo que significaba que no se les permitía hablar su idioma nativo cuando salían de la reserva. En 2005, los shinnecock presentaron una demanda contra Nueva York para que se devolvieran 3500 acres (valorados en mil millones de dólares) y se pagaran miles de millones de dólares por daños causados por los inmigrantes europeos que robaron la tierra. Los shinnecock dijeron que la venta de 3500 acres a los europeos en 1859 violó los términos del contrato de arrendamiento de 1000 años firmado en 1703 entre los líderes europeos de Southampton y la tribu. El juez desestimó la demanda diciendo que la tribu tardó demasiado en presentarse, y que cambiar la propiedad de la tierra desarraigaría a muchos de los neoyorquinos que actualmente viven allí, la mayoría de ellos ricos, poderosos y privilegiados.

Los shinnecock eran expertos pescadores y marineros; muchos los describían como marineros audaces. Desde sus canoas, pescaban con arpón anguilas, recolectaban mariscos y cazaban ballenas. Los shinnecock también eran expertos en la fabricación de wampum (wampumpeag); cuentas de conchas ensartadas en hilos que se usaban como moneda (dinero), para registrar tratados o pactos, como joyería, como adornos, etc. Durante el siglo XVII hasta principios del siglo XVIII, el wampum era la moneda oficial de las colonias europeas y la moneda de cambio en el comercio de pieles.

TRINBAGONIOS

ACTUALMENTE: TRINIDAD Y TOBAGO
IDIOMA: INGLÉS, CRIOLLO TRINITARIO, CRIOLLO TOBAGONÉS

Las personas de ascendencia africana de Trinidad y Tobago se conocen como afrotrinbagonianos y representan más del 60% de la población. La isla más pequeña de Tobago es casi en su totalidad afrotrinbagoniana, mientras que Trinidad es mayoritariamente afrotrinbagoniana, india y dougla (ascendencia africana e india).

En 1517, llegaron esclavos africanos de África Central y Occidental, en su mayoría de los grupos étnicos igbo, ibibio, mandinga y congo. Otros africanos esclavizados procedían de islas del Caribe como Martinica, Guadalupe, Granada y Dominica. La esclavitud terminó en 1834 y en 1845 llegaron trabajadores no abonados desde la India.

El carnaval es un evento anual lleno de coloridos disfraces y animadas fiestas; se celebra por todo el país el lunes y el martes anteriores al Miércoles de Ceniza. Las fiestas y los desfiles duran todo el día, y las influencias africanas del país se perciben en la música nativa con steelpans (tambores metálicos) y los géneros musicales calipso y soca. Se desconocen los orígenes exactos de los steelpans, pero se sabe que se inventaron en el siglo XX. Cuando los colonizadores europeos prohibieron tocar los tambores en un intento de eliminar la cultura africana, la gente empezó a utilizar el tamboo, que es bambú de diferentes longitudes y tamaños que imitan los tonos de voz soprano, alto, tenor y bajo. En 1935, el bambú se cambió por objetos metálicos como ollas, latas de pintura, botellas, cucharas, cubos para basura y tapas, bidones para galletas y frenos de tambor. Otros dicen que la transición dio paso al ping pong, una pequeña sartén de mano cortada de una lata de pintura en la que se hacen muescas que se empujan hacia arriba para formar pequeños bultos, generalmente golpeándolos con palos de madera. Luego, cada bulto se afina para obtener diferentes notas de tono. El calipso surgió en el siglo XVII a partir del kaiso, un género musical de África Occidental traído por esclavos africanos que trabajaban en las plantaciones de azúcar. Lord Shorty inventó la soca en la década de 1970 para popularizar el calipso tradicional entre los jóvenes. La soca, abreviatura de soul calypso (alma calipso), es una fusión de calipso, cadencia, chutney, música latina, soul/funk, zouk y ritmos tradicionales de África Occidental.

WAMPANOAG

ACTUALMENTE: MASSACHUSETTS Y RHODE ISLAND EN ESTADOS UNIDOS
IDIOMA: INGLÉS Y WÔPANÂAK

Los wampanoag son un grupo de tribus reconocidas, cuyo nombre significa "gente de la primera luz." Sus líderes eran los sachems y el gran sachem. Tanto hombres como mujeres podían ser sachems. Hoy en día, cada tribu wampanoag es gobernada por su propio Consejo Tribal electo, dirigido por un presidente o presidenta. Los wampanoag tienen una población colectiva de alrededor de 5,000 personas.

En el siglo XV, 40,000 wampanoag vivían en 67 aldeas. Eran semisedentarios, lo que significa que se movían entre dos lugares dependiendo de la temporada. En el invierno, vivían en el bosque y los valles. Durante la primavera, el verano y el otoño, vivían junto a ríos y estanques para plantar cultivos, recolectar alimentos y pescar. En 1620, inmigrantes europeos llegaron a Plymouth y los wampanoag les enseñaron cómo cultivar las tres hermanas: frijoles, maíz y calabaza. También les enseñaron a pescar y a recolectar mariscos. Así los inmigrantes europeos pudieron sobrevivir su primer invierno y surgió la celebración del Día de Acción de Gracias. En 1620, se firmó un tratado entre el Gran Jefe de la tribu, Massasoit, y los inmigrantes europeos. Cuando el Gran Jefe murió, los europeos rompieron el tratado y comenzaron a robar las tierras y a tratar a la gente de la tribu de manera horrible. Muchos wampanoag murieron debido a las enfermedades, las guerras y la esclavitud. Muchas mujeres y niños wampanoag se convirtieron en esclavos en Estados Unidos, mientras que muchos hombres fueron esclavizados en las Bermudas. Eso provocó que la tribu se casara con miembros de otras etnias, aunque nunca perdieron su cultura.

En la tribu wampanoag, las mujeres controlaban y heredaban la propiedad. Cuando una pareja se casaba, debía vivir con la familia de la mujer. Las mujeres mayores aprobaban la selección de los sachems. A los misioneros cristianos no les gustó el hecho de que las mujeres wampanoag tenían más probabilidades de convertirse al cristianismo que los hombres, puesto que querían establecer una familia y una sociedad patriarcal entre la tribu en lugar de la sociedad matriarcal que existía. El patriarcado es una sociedad o gobierno controlado por hombres, mientras que el matriarcado es una sociedad o gobierno controlado por mujeres.

AGRADECIMIENTOS

¡Hurra! He completado el segundo libro de la serie y me siento muy orgullosa de mí misma. Agradezco infinitamente a Sailesh Acharya, ilustradora del libro, quien me acompañó nuevamente. Dios, gracias por darme una mente sana, un espíritu tranquilo y todos los sentidos necesarios para escribir este libro. Sin duda, mi cerebro, mis ojos y los músculos que mueven mis dedos trabajaron sin parar. Y no puedo olvidar a mis ancestros. Aunque solo elegí 20 grupos y dediqué una página a cada uno de ellos, debo aclarar que podría seguir escribiendo durante años sobre las malas acciones relacionadas con la diáspora africana, y sobre lo que ha superado y seguirá superando. Me siento orgullosa al saber que por mis venas corre la sangre de mis ancestros; mis ancestros resilientes, fuertes, valientes, confiados, sabios, amorosos, compasivos, estratégicos, militantes, motivados, dignos y llenos de fe. Quiero que cuando me vean, los demás sepan que provengo de ellos; que no voy a rendirme, así como ellos no lo hicieron. Dios, sígueme apoyando. Ancestros, sigan cuidándome. Prometo usar mis dones para impulsar el movimiento panafricano. ¡Pueden contar con eso! Si has leído hasta aquí, ya seas niño, adolescente o adulto, quiero que recuerdes que eres valioso. Respétate a ti mismo, no pierdas la fe, mantén tu paz....

SOBRE LA AUTORA

C.Nichole es una cantante, compositora, productora de televisión, fundadora de una organización sin fines de lucro, creativa y propietaria de una editorial. *El Reino: Norteamérica y Sudamérica* es el segundo libro de la serie *El Reino*, que incluye libros históricos para niños sobre grupos étnicos africanos y sobre la diáspora africana. También es autora de *American Presidential Parties: Their Relevance to People of African Descent*. C.Nichole se graduó de la Universidad de Houston y obtuvo una licenciatura en mercadotecnia y menciones en periodismo y estudios europeos, que incluyeron estudios en Europa y África. Se considera a sí misma una ciudadana del mundo y visitó más de 100 países antes de cumplir los 30 años. Sin embargo, ha hecho de Dallas, Texas, EE. UU. su base de operaciones. Es defensora del panafricanismo, un movimiento que promueve la unión de todas las personas de ascendencia africana, y es fundadora de Pan African Think Tank, una organización sin fines de lucro. Puedes obtener más información, hacer donaciones y comprar ropa y accesorios en PanAfricanTT.org.

HASTA LA PROXIMA...

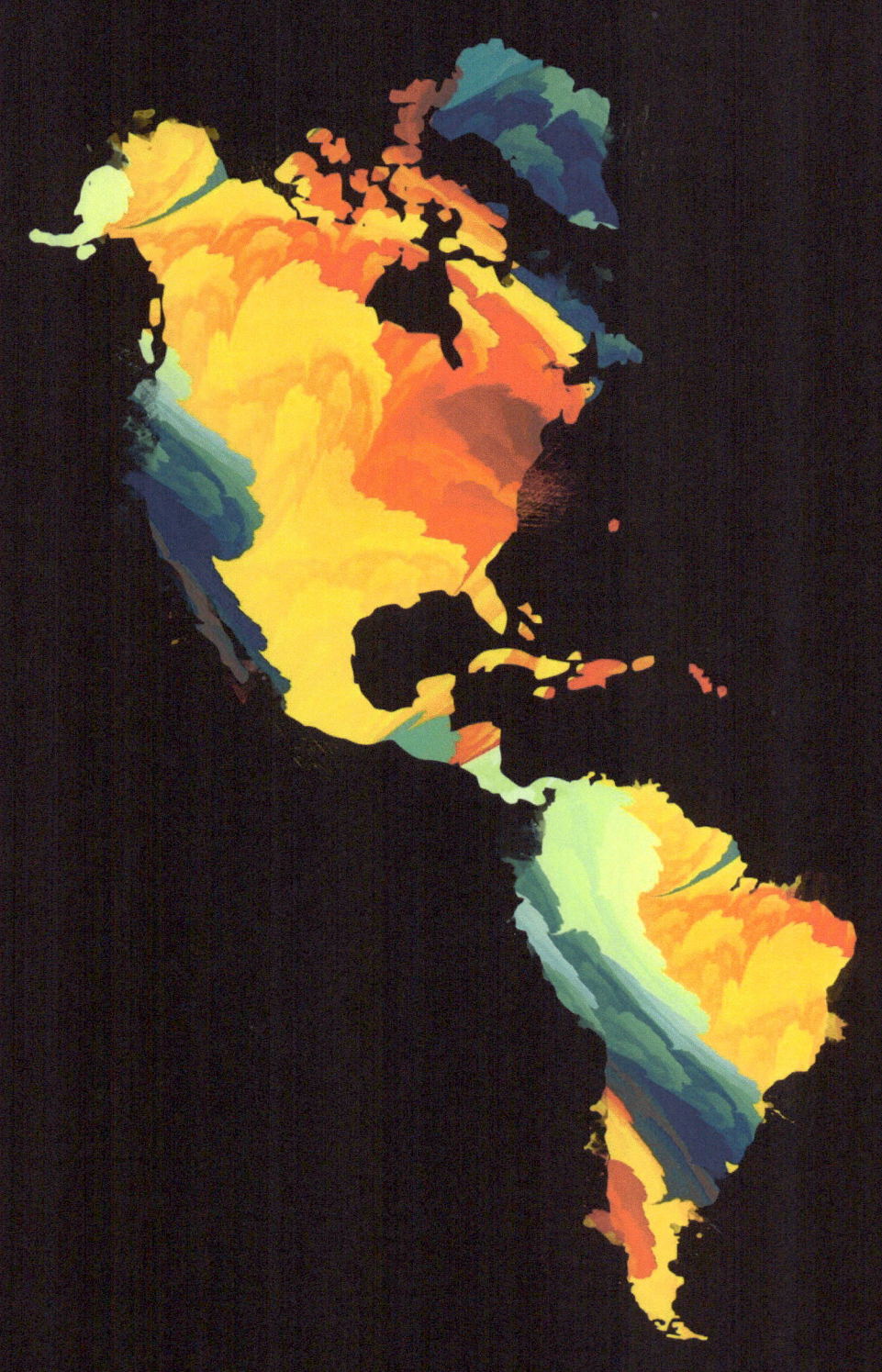